Deutsch als Fremdsprache
Lektüre

Claudia Peter

Der ideale Moment

Niveau A2

Verlag Liebaug-Dartmann

1. Auflage 2013, Meckenheim
ISBN 978-3-922989-85-1

Inhalt

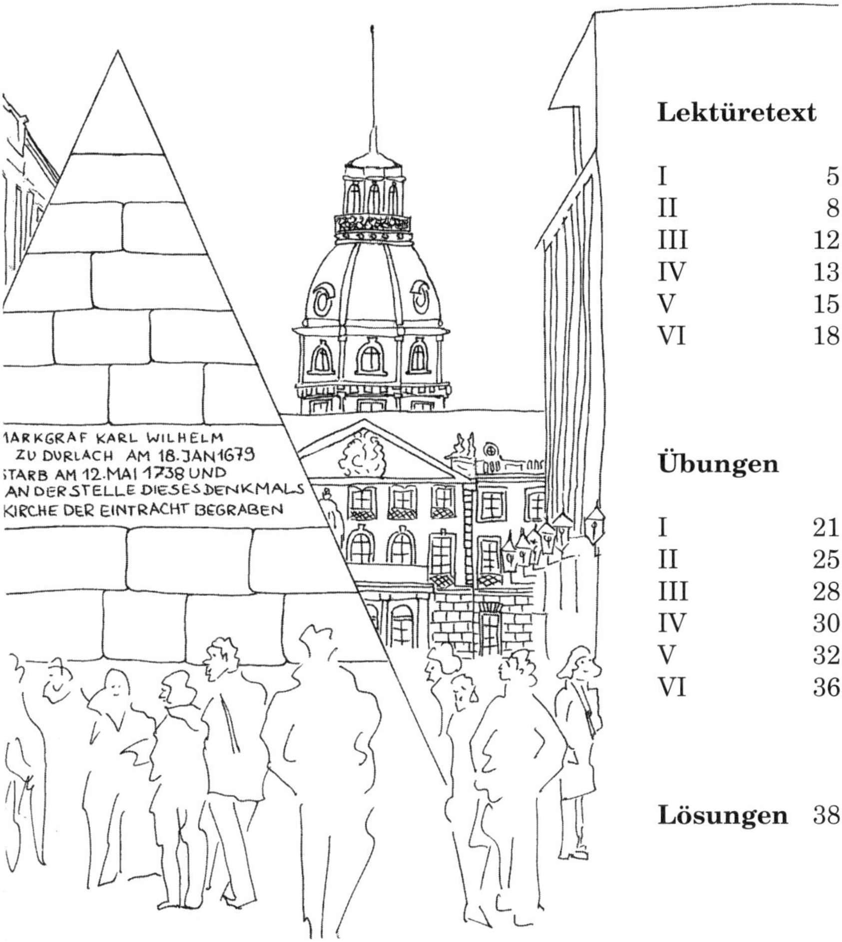

ARKGRAF KARL WILHELM
ZU DURLACH AM 18.JAN1679
TARB AM 12.MAI 1738 UND
AN DER STELLE DIESES DENKMALS
KIRCHE DER EINTRACHT BEGRABEN

Über die Autorin

Claudia Peter, Germanistin und Kunsthistorikerin aus Stuttgart, lebt seit 1990 als Journalistin, Übersetzerin und Hochschuldozentin an der spanischen Mittelmeerküste. Unter anderem engagiert sie sich in der Deutschlehrerfortbildung. Von ihr sind bei Liebaug-Dartmann bereits die A1-Lektüren „Urlaub intensiv“ (ISBN 978-3-922989-83-7) und „Testament mit Hund“ (ISBN 978-3-922989-84-4) erschienen.

I

Franziska macht den Computer aus. Sie sieht auf die Uhr. Fünf vor vier. Noch fünf Minuten. Das Büro in der Waldstraße ist groß und alt, aber schön renoviert. Kontraste dominieren das Ambiente: Schreibtisch und Regale sind Designer-Möbel, sehr modern und exklusiv, aber auch praktisch; der Büroschrank ist eine barocke Antiquität und sehr dekorativ. Franziska arbeitet gern hier. Sie ist Sekretärin bei Rechtsanwältin Lea Fritsch. Eine geniale Anwältin, gute Chefin und kultivierte, intelligente Frau mit Format, immer souverän, findet Franziska. Sie trinkt den letzten Rest Kaffee – er ist kalt. Dann wäscht und trocknet sie ihre Kaffeetasse ab und stellt sie in den Barockschrank. Im Radio singt die Gruppe Rosenstolz ihren großen Hit *„Liebe ist alles, Liebe ist alles, Liebe ist alles, was wir brauchen …"*.

Zwei vor vier. Die Tür von Lea Fritschs Büro ist offen. Das ist normal. Die 30 Jahre alte Anwältin telefoniert. Sie hat nachmittags immer viel Arbeit: Kontakt mit Klienten und Kollegen, Lesen von Akten und Paragrafen, Analyse von Texten, Suche nach logischen Argumenten und genialen Strategien … Kurze dunkle Haare, große braune Augen, schlank und sportlich, aber immer elegante Klamotten und perfektes Make-up: Lea Fritsch ist eine attraktive Frau und als Anwältin tough, energisch und cool. Die Juristin ist Single und will keinen Mann. Lieber engagiert sie sich mit viel Enthusiasmus für die Interessen ihrer Klienten. Beruflich ist sie Idealistin, privat nicht. Ganz unpathetisch hat Lea einmal zu Franziska gesagt: „Ich denke realistisch. Karriere und Familie – das geht nicht. Theoretisch sind Männer super. Aber praktisch sind sie nicht! Männer machen nur Probleme. Wenn ich einen Mann gut finde, dann haben wir ein paar schöne Stunden zusammen – und basta! Im Beruf habe ich extrem viel Stress, da will ich privat keine Komplikationen.“ Die Sekretärin findet die Meinung ihrer Chefin cool, aber Franziska ist anders, viel konservativer, nicht so konsequent, nicht so resolut, nicht so dominant und nicht so energisch wie Lea.

„Hallo Johnny Depp!“, hört Franziska die Anwältin im anderen Büro am Telefon sagen und laut lachen. „Wann sehen wir uns? He – Supermann! … Alles eine Frage der Organisation … Das ist nicht mein Problem … Am Wochenende … Wunderbar …“

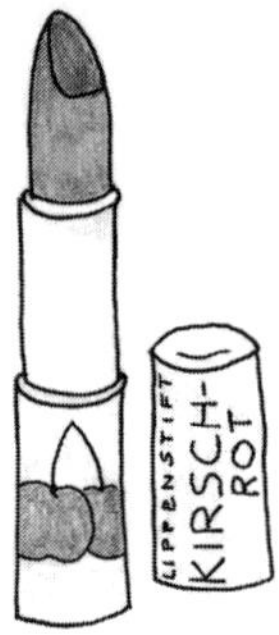

Typisch meine Chefin, denkt Franziska, so spricht Lea immer, wenn sie privat mit Männern telefoniert. Echt cool! Die 26 Jahre alte Franziska schaut in den Spiegel: lange blonde Haare, kleine Nase, voller Mund, grüne Augen … Auch nicht schlecht, denkt sie. Sie malt ihren Mund mit Lippenstift nach. Rot wie Kirschen! Knallrot – wenn das Daniel sieht! Vier Uhr. Im Radio endet das Lied der Popgruppe Rosenstolz: *„Liebe ist alles, was wir brauchen. Lass es Liebe sein. Lass es Liebe sein.“*

Franziska macht das Radio aus. „Auf Wiedersehen Frau Fritsch!“

„Oh, Sie sind noch hier? Äh … Tschüs Frau Zimmermann“, sagt die Chefin.

Franziska nimmt schnell ihre Tasche, zieht ihre Jacke an und geht aus dem Gebäude. Ein sehr altes Gebäude – lange nicht renoviert. Hier sind viele Häuser alt, aber viele sind gut restauriert. Karlsruhe ist eine historisch sehr interessante Stadt – barock geplant. Das Schloss ist der zentrale Punkt, der Mittelpunkt: Hier beginnen 32 Straßen radial – wie Strahlen. Die Stadt ist wie eine Sonne, wie ein Fächer. Warum? Eine Legende sagt, dass Graf Karl Wilhelm von Baden im Jahr 1715 im Schlaf eine Vision hatte: eine Stadt wie ein Stern.

Und die Form der Stadt war geboren: Karlsruhe – die Fächerstadt. Sie hat Leute wie Voltaire, Goethe und Napoleon fasziniert und noch heute finden viele Menschen die Stadt mit den Radialstraßen attraktiv. Auch Franziska liebt Karlsruhe

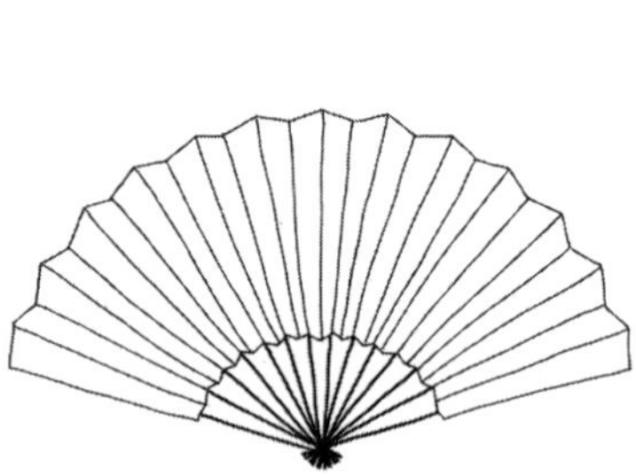

Karlsruhe von Norden im Jahr 1739, Kupferstich des Hofgärtners Christian Thran.

sehr: modern, nicht zu groß und nicht zu klein – zirka 300 000 Einwohner, sehr grün, nette Leute. In ganz Europa kennt man Karlsruhe als wichtige Stadt für Technologie und Innovation. Und das ist nicht neu. Das Thema Mobilität hat hier Tradition: Der Karlsruher Ingenieur Karl Freiherr von Drais hat 1817 den Prototyp von einem Fahrrad – das erste Zweirad – gebaut: die Laufmaschine alias Draisine alias Veloziped.

Das 1. Zweirad der Welt: die Draisine

Und auch der Ingenieur und Automobil-Pionier Carl Benz (1844–1929) kommt aus Karlsruhe. Sein Benz Patent-Motorwagen Nummer 1 war 1886 das erste moderne Automobil der Welt, ein Fahrzeug mit drei Rädern – Tricycle, so der Name im Patenttext. Es fuhr 16 Kilometer pro Stunde.

Dreirädriger Benz Patent-Motorwagen aus dem Jahr 1886

Franziska wohnt gern in Karlsruhe. Die Lebensqualität ist exzellent. Sie wohnt in der Stadt von Carl Benz, aber sie hat kein Auto, denn sie fährt nicht gern. Wenn das Wetter sehr schlecht ist, nimmt sie die Straßenbahn. Aber sie will sportlich aktiv sein und geht deshalb fast immer zu Fuß ins Büro. Das ist kein Problem, weil Franziska im Stadtzentrum wohnt und arbeitet. Sie arbeitet in der Weststadt und wohnt in der Oststadt.

II

Für Juni sind die Temperaturen in diesem Jahr extrem niedrig. Das ist nicht normal, denn das Karlsruher Sommerklima ist fast immer trocken und warm. Heute nicht. Das Thermometer zeigt 10 Grad. Franziska trägt Rock, Pullover, Jacke, Schal und Stiefel. Sie geht schnell über die Amalienstraße und den Stephanplatz und dann auf der Waldstraße bis zur Kaiserstraße*. Hier holt sie in der Apotheke Medikamente: Schlaftabletten.

Sie kann nachts nicht gut schlafen, weil sie nervös ist. Sie liegt oft wach im Bett und denkt über ihr Leben nach. Wie wäre ihr Leben, wenn sie so cool wie Lea wäre? Was wäre, wenn sie nicht verheiratet wäre? Oder wenn sie einen anderen Mann hätte? Hätte sie dann Kinder? Würde sie in Karlsruhe wohnen? Was würde passieren, wenn sie tun würde, was sie wollte? Was würde sie machen, wenn sie im Lotto gewinnen würde? Würde sie bei Daniel bleiben? Ja, was wäre, wenn …?

„Franziska – bist du es?“ Auf dem Marktplatz direkt vor der Pyramide sieht sie Annika. Franziska ist nervös. Sie mag die Freundin aus der Schule sehr, aber sie hat jetzt keine Zeit.

„Ah, ja. Hallo Annika! Wie geht's?“

„Wunderbar. Mensch, Franziska! Schön dich zu sehen. Hast du Zeit für einen Kaffee?“

„Nein, echt schade. Heute nicht. Leider. Ich muss einkaufen.“

„In den Supermarkt kannst du auch später gehen. Ich möchte wissen, wie es dir geht.“

* Siehe Stadtplan Seite 28

„Gut. Mir geht es gut, sehr gut, aber ich habe jetzt leider keine Zeit. Viel Arbeit, viel Stress …“

Annika registriert sofort Franziskas Nervosität, denn sie ist Profi. Sie arbeitet als Sozialarbeiterin bei der Stadt Karlsruhe. „Einkaufen kannst du auch in zehn Minuten. Wir haben uns seit der Schulzeit nicht mehr gesehen. Das sind fast sieben Jahre! Na, komm … einen Moment musst du doch haben … für eine alte Freundin. Bitte!“

Wenn Franziska zehn Minuten später als normal nach Hause kommt, macht ihr Daniel eine Szene. Aber … nur fünf Minuten mit Annika auf dem Marktplatz sprechen … und dann im Supermarkt ganz schnell einkaufen …

„Okay, Annikalein, fünf Minuten habe ich.“ Die Frauen setzen sich auf eine Bank. Auf dem Marktplatz sind viele Leute.

„Was ist los, Franziska? Du bist extrem nervös. Hast du Probleme?“, fragt die Freundin sehr direkt.

Franziska spricht normalerweise nie über ihr Privatleben, aber jetzt verliert sie mitten auf dem Karlsruher Marktplatz komplett die Kontrolle:

„Daniel ist so eifersüchtig. Ich kann kaum allein aus dem Haus – nur zur Arbeit ins Büro, einkaufen und schnell nach Hause. Er denkt immer, ich habe andere Männer. Ich flirte nie, ich interessiere mich für keinen anderen Mann, echt! Ich bin treu. Aber Daniel glaubt mir nicht. Er ist total skeptisch und kontrolliert mich permanent. Er ist wie ein Spion – ja, er spioniert mir immer nach. Das ist seine Obsession – echt schrecklich! Er reagiert aggressiv und hat verbal keine Skrupel. Sein explosiver Charakter … Er ist sehr diktatorisch … Das alles deprimiert mich total. Daniel kann manchmal eine Bestie sein, ein Dämon … Ich liebe ihn und er liebt mich, aber mein Leben ist eine Katastrophe. Ich habe Angst.“

Annika ist geschockt. Sie kennt Franziska aus der Schule: ein Mädchen ohne Probleme, mit viel Humor, aktiv und sportlich, immer optimistisch und extrovertiert. Aber das hier ist nicht die Franzi von früher – das ist eine nervöse, deprimierte, pessimistische Frau in Angst und Schrecken – komplett demoralisiert, psychisch total kaputt, am Ende. „Daniel? Etwa Daniel Zimmermann aus der Parallelklasse?“, fragt Annika.

„Ja, genau: Daniel Zimmermann. Wir haben uns verliebt und sind jetzt fünf Jahre verheiratet. Kinder haben wir nicht. Daniel will keine.“ Franziska weint. Tränen rollen über ihr Gesicht. Ihre Augen sind rot. Sie nimmt ein Taschentuch und putzt sich die Nase.

„Oh nein! Daniel Zimmermann – der war schon immer extrem egozentrisch und cholerisch. Der Typ ist explosiv. Ich kenne ihn vom Tischtennisspielen vor 10 Jahren. Er konnte nie verlieren und reagierte oft rabiat. Ein Choleriker. Wie ein Kind! Echt schrecklich! Was macht er? Arbeitet er?“

„Ja. Er ist beim Bundesgerichtshof.“

„Wow. Hat Daniel studiert? Ist er Jurist? Richter oder Anwalt?“

„Nein. Er ist so eine Art Polizist und kontrolliert die Eingänge vom Bundesgerichtshof. Er arbeitet für eine Security-Firma. Diese Arbeit frustriert ihn total. Er denkt, dieser Job ist etwas für Idioten. Aber ohne Studium und ohne berufliches Engagement hat er keine Chance. Er sieht beruflich alles schwarz und seinen Frust reagiert er natürlich zu Hause ab. Mein Leben mit diesem Psychopathen ist eine Tortur.“

Die Sozialarbeiterin ist alarmiert: „Sind auch physische Attacken ein Thema?“

„Nein, aber seine psychische Brutalität macht mich kaputt.“ Franziska weint. „Er kann ein Satan sein und explodiert bei jeder Kleinigkeit. Von einem Moment auf den anderen kann er aus einer Maus einen Elefanten machen. Das Leben mit Daniel ist ein emotionales Inferno. Ich liebe Daniel, aber er ist ein autoritäres Monster.“

Wie traurig! Annika fehlen die Worte. Was kann sie der Freundin mitten auf dem Marktplatz sagen? Wie kann sie ihr helfen?

„Arme Franziska, was für ein Dilemma! Dein Leben ist der Horror. Das ist eine echte Katastrophe.“

Franziska sieht nervös auf die Uhr. „Ich muss jetzt gehen. Wenn ich nicht pünktlich zu Hause bin, macht Daniel Psychoterror.“

„Lass uns telefonieren“, sagt Annika, gibt Franziska ihre Visitenkarte und steht auf.

„Danke, Annikalein. Wir telefonieren. Bis bald!“ Die Frauen geben sich die Hand.

„Tschüs, Franziska – alles Gute! Und bitte, ruf mich bald an.“ Annika ist schockiert und denkt: Wie gut, dass ich Single bin.

III

Im Supermarkt in der Adlerstraße – nur ein paar Meter von ihrer Wohnung in der Steinstraße – kauft Franziska ein. Sie hat noch Tränen in den Augen. Aber sie hat Routine, kennt den Laden sehr gut und das Einkaufen geht fast automatisch: Milch, Tomaten, Sauce hollandaise, Spätzle – natürlich die Lieblingsspätzle von Daniel, Sauerkraut – logisch – Daniels Lieblingssauerkraut und Spargel. Jetzt im Juni ist in Deutschland Spargelzeit und Daniel liebt Spargel. Franziska sucht Wein, Wein aus Deutschland. Zu Spargel passt Weißwein aus der Gegend von Karlsruhe. Die Stadt liegt mitten in der Weinregion Baden. Franziska nimmt einen Riesling und einen Burgunder – zwei badische Weinspezialitäten. Viele Leute denken, die Deutschen trinken nur Bier. Das ist falsch, nur ein Klischee. Daniel und viele andere Deutsche sind passionierte Weintrinker. Karlsruhe und die Region sind bekannt für die gute Qualität von Küche und Gastronomie. Es gibt hier viele Sterne-Restaurants.

Im Supermarkt sind wenig Leute. Franziska hat alles. Schnell geht sie an die Kasse und sagt: „Hallo!“

„Guten Tag Frau Zimmermann!“ Die Kassiererin lacht freundlich. Sie registriert die Produkte und kommentiert: „Spargel aus Schwetzingen, wunderbar! Heute ganz frisch! Mit Sauce hollandaise und dazu Weißwein. Das ist jetzt im Juni ideal. Regionale Produkte in der Saison! Sie wissen, was gut ist, Frau Zimmermann!“

„Ja“, sagt Franziska. Sie findet die Kassiererin sehr nett, aber heute will sie nicht reden, keinen Small Talk. Sie will schnell nach Hause.

IV

Normalerweise kommt Franziska nach Büro und Supermarkt immer pünktlich um halb fünf nach Hause. Heute kommt sie erst Viertel vor fünf. Sie nimmt ein Taschentuch, wischt vor der Wohnungstür den Lippenstift vom Mund und macht erst dann die Tür auf.

In der Wohnung hört sie den Fernseher – die Nachrichten. Daniel liebt Nachrichten. Er sieht viel fern. Das Aktuellste liest er im Internet. Und für Arbeitspausen, Bus, Toilette und Badewanne kauft er die regionale Tageszeitung BNN *Badische Neueste Nachrichten*. Er muss wissen, was in der Welt passiert, und will immer informiert und auf dem aktuellsten Stand sein – ein echter Nachrichten-Junkie! Und Sport-Junkie! Denn er sieht auch sehr gern Sport.

Sein Lieblingssport ist Boxen. Er ist Fan von Regina Halmich (*1976), die von 1995 bis 2007 Weltmeisterin im Boxen (Fliegengewicht) war. Sie kommt aus Karlsruhe und hat das Frauenboxen in Deutschland populär gemacht. Wie Franziska arbeitete Regina Halmich – vor ihrer Box-Karriere – bei einem Rechtsanwalt.

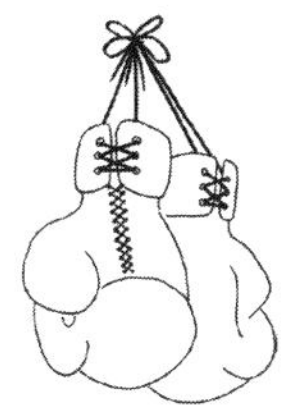

Franziska bringt den Einkauf in die Küche und räumt Milch, Tomaten, Spargel und Weißwein in den Kühlschrank. Annikas Visitenkarte versteckt sie in einem Kochbuch im Küchenregal. Sie muss sehr vorsichtig sein. Im Wohnzimmer sitzt Daniel am Laptop. Er ist Computerfreak und macht per Internet alles: fernsehen, telefonieren, mailen, chatten, twittern, Musik hören, Videos sehen, Fotos bearbeiten ...

„Hallo Schatz“, sagt Franziska. Sie lächelt.

„Psssst!“ Daniel, der gerade fernsieht, legt den Zeigefinger auf die Lippen und erklärt dann: „Drama in Karlsruhe mit fünf Toten in der Nordstadt. Ein Mann – ein totaler Chaot – zahlt seit Monaten keine Miete, will aber in der Wohnung bleiben, nimmt eine Pistole und tötet seine Frau, den Vermieter, den Rechtsanwalt, den Sozialarbeiter und sich. Ein Blutbad!“ Daniel liebt Sensationen, am meisten Tragödien mit viel Blut.

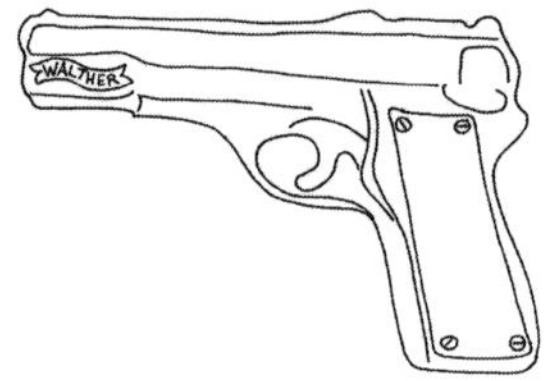

„Wir essen um sieben – Spargel mit Sauce hollandaise“, sagt Franziska freundlich.

„Ja, wunderbar, meine Prinzessin“, antwortet Daniel. Franziska ist perplex. Warum kontrolliert er sie nicht? Weshalb fragt er nicht, warum sie erst um Viertel vor fünf nach Hause kommt? Warum dieses Desinteresse? Was plant Daniel? Was hat er im Kopf? Franziska geht ans Küchenregal. Annikas Visitenkarte steckt in dem Kochbuch. Sie nimmt die Karte und hat einen Moment den Impuls, die Freundin anzurufen. Sie findet die Situation alarmierend, braucht Hilfe, möchte mit Annika sprechen. Aber sie hat Angst, steckt die Karte wieder in das Buch und stellt es ins Regal zurück. Sie kocht. Punkt sieben steht das Abendessen auf dem Tisch. Daniel liebt Pünktlichkeit. Sie essen ohne zu sprechen Spargel mit Sauce hollandaise und trinken Weißwein. Kein Wort! Er möchte mich systematisch kaputt machen, denkt Franziska, das ist alles eine perfide Strategie. Aber warum?

„Delikat, Mäuschen“, ist in diesem Moment Daniels Kommentar. Mit der linken Hand isst er, mit der rechten Hand klickt er sich durchs Internet und sieht wie hypnotisiert auf den Laptop. Plötzlich sagt er mit vollem Mund:

„Schatz, am Samstagnachmittag spiele ich mit Kollegen Billard. Und danach sehen wir zusammen Fußball und essen Pizza. Vor Mitternacht bin ich sicher nicht zu Hause.“

Wie? Franziska ist sehr überrascht. Daniel, der frustrierte Hilfs-Sheriff am Bundesgerichtshof, findet seine Kollegen extrem unsympathisch, Billard etwas für Idioten und Pizza ungesund. Was ist los? Das ist alles nicht logisch. Aber Franziska sagt nichts. Sie bringt die Teller in die Küche. Sie würde jetzt gern Annika anrufen, aber sie muss sehr vorsichtig sein. Daniel könnte sie hören.

Sie nimmt eine Schlaftablette, geht ins Bad, duscht und putzt die Zähne. Danach geht sie ins Wohnzimmer. Daniel sitzt am Computer.

„Kann ich die BNN haben? Ich möchte vor dem Schlafen im Bett ein bisschen Zeitung lesen."

„Natürlich, mein Schatz." Daniel nimmt die Tageszeitung vom Tisch und gibt sie seiner Frau. „Gute Nacht, Liebling! Schlaf gut und träum schön!"

„Danke, Daniel. Gute Nacht." Franziska geht ins Bett.

V

Am nächsten Morgen fehlt beim Frühstück Daniels obligatorische Marmelade. Er liebt Orangenmarmelade und jeder Tag beginnt mit Croissant, Butter und Orangenmarmelade. Heute nicht. Franziska hat keine gekauft. Sie hat Daniels Lieblingsmarmelade total vergessen. Normalerweise ist das eine Katastrophe für ihren Mann. Normalerweise. Heute meint er nur:

„Kein Problem, meine Süße. Dann esse ich Honig. Honig ist auch okay und sehr gesund."

Franziska erkennt ihren Mann nicht wieder. Das ist nicht der cholerische Daniel, der sie seit Jahren kontrolliert, manipuliert und subtil tyrannisiert. Alles so harmonisch heute – das ist nicht normal. Was plant der Dämon? Was passiert? Franziska hat keine Ahnung.

„Die Temperaturen in Karlsruhe, heute nur maximal 12 Grad – und das im Juni", sagt Daniel.

„Nichts ist normal", antwortet Franziska. Aber ihr Mann reagiert nicht.

Im Büro hat Franziska Zeit und Ruhe zum Denken. Sie isst Marzipanpralinen und trinkt Kaffee. Sie ist allein. Ihre Chefin ist bei Gericht. Franziska sitzt am Computer, aber sie arbeitet nicht. Im Büro ist es kalt. Nur 12 Grad in Karlsruhe – was für ein Juni! Franziska macht die Heizung an. Sie isst Pralinen und denkt über Daniel nach. Was ist mit ihrem Mann? Warum ist er so anders? Was plant er? Wann explodiert die Bombe?

Gegen drei Uhr kommt Lea Fritsch. Die Anwältin hat momentan viel Stress. Ein Klient hat – stark alkoholisiert – seine Frau mit einer gefrorenen Wurst attackiert und ihr die Nase gebrochen. Der Grund: Sie hat bei Facebook nicht auf „Gefällt mir" unter seinem Status-Update geklickt.

„Hallo Frau Zimmermann! Ich bin wieder hier."

„Hallo Frau Fritsch, wie läuft der Wurst-Prozess?"

„Alles unter Kontrolle. Und hier im Büro – alles klar?"

„Ja, auch alles unter Kontrolle." Beide Frauen lachen. Chefin und Sekretärin verstehen sich prima – fast wie zwei Freundinnen. Sie sind ein sehr gutes Team. Die Atmosphäre ist immer harmonisch und freundlich.

„Ich muss ein paar wichtige Telefonate führen. Bitte, keine Störungen!" Lea geht in ihr Büro und macht die Tür zu.

Fünf vor vier. Franziska macht den Computer aus. Sie stellt die Packung Pralinen, die fast leer ist, in den schönen, alten Schrank und macht die Heizung aus. Zwei vor vier. Sie schaut in den Spiegel und malt ihren Mund mit Lippenstift nach. Rot wie Kirschen! Knallrot! Vier Uhr. „Auf Wiedersehen Frau Fritsch. Schönen Abend!"

„Danke! Ihnen auch. Schöner Lippenstift! Bis Morgen Frau Zimmermann!" Lea Fritsch telefoniert.

Franziska nimmt ihre Tasche, zieht die Jacke an und geht. Heute nicht über den Marktplatz, sondern Amalienstraße bis Bundesgerichtshof (vor dem Gebäude steht Daniels Kollege in Uniform), Herrenstraße, Blumenstraße, Ritterstraße – vorbei am Nymphengarten mit seinen alten Bäumen und Brunnen, dann Museum für Naturkunde, Badische Landesbibliothek, Erb-Prinzen-Straße, Rondellplatz, Markgrafenstraße und Lidellplatz*. Wie immer kauft sie im Supermarkt in der Adlerstraße ein. Heute legt sie Schokolade, Butter, Eier, Mehl, Zucker, Vanillezucker, Backpulver, Kirschen und Kirschwasser in den Einkaufswagen.

„Hallo Frau Zimmermann!" Die Kassiererin lacht freundlich. Wie immer registriert sie die Produkte und kommentiert den Einkauf: „Schwarzwälder Kirschtorte?"

„Richtig", sagt Franziska. „Mein Mann liebt Schwarzwälder Kirschtorte sehr."

„Liebe geht durch den Magen", sagt die Frau an der Kasse und lacht.

„Ja", sagt Franziska, aber lacht nicht.

Das ist der Kassiererin egal. Sie redet gern und viel. „Wissen Sie, in Todtnauberg ist Mitte Juni immer der Tag der Schwarzwälder Kirschtorte. Profis und Hobby-Bäcker präsentieren ihre Kreationen aus Sahne, Biskuit, Kirschen, Schokolade und Kirschwasser. Die schönsten und besten Kirschtorten werden prämiert."

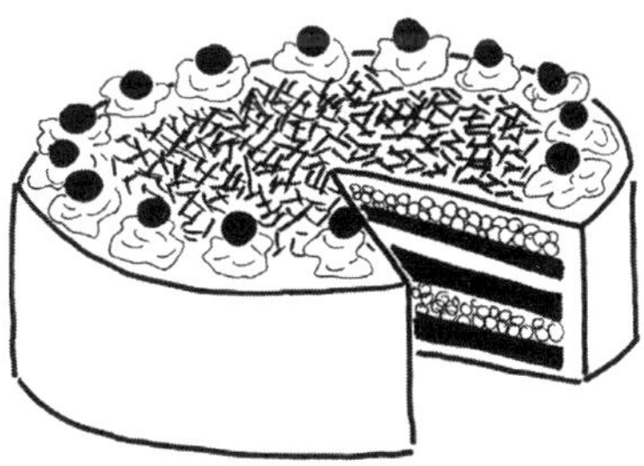

* Siehe Stadtplan Seite 28

„Interessant“, antwortet Franziska. Sie packt alles ein, zahlt, sagt „auf Wiedersehen“, nimmt ihre Einkaufstasche, die sehr voll ist, und geht.

Pünktlich um halb fünf ist Franziska vor der Wohnungstür. Sie nimmt ein Taschentuch, wischt den Lippenstift von ihrem Mund und macht die Tür auf.

Sie hört – wie immer – Nachrichten. Franziska bringt den Einkauf in die Küche. Im Wohnzimmer sitzt Daniel am Computer. „Hallo Liebling“, sagt Franziska. „Hallo Baby! Alles klar?“ Mehr sagt Daniel nicht.

„Dani, ich mache Schwarzwälder Kirschtorte zum Abendessen. Um sechs essen wir und trinken Tee.“

„Ja, super, mein Engel.“ Daniel sieht seine Frau nicht an. Er checkt gerade seine E-Mails. Franziska ist sehr überrascht. Normalerweise will ihr Mann, den sie sehr gut kennt, nie Kuchen, nie etwas Süßes am Abend. Schwarzwälder Kirschtorte ist seine Lieblingstorte, aber abends – nie. Und heute? Kein Protest. Keine Kritik. Das ist nicht normal. Diese Ruhe ist für Franziska eine Tortur. Was ist los mit Daniel? Woher kommt seine Toleranz? Oder ist es Desinteresse? Was plant er? Warum ist er so ruhig? Woran denkt er? An wen denkt er?

VI

Punkt sechs stehen Schwarzwälder Kirschtorte und Tee auf dem Tisch. Die Torte sieht super aus: dunkelbraune Schokolade, schneeweiße Sahne, rote Kirschen. Sehr appetitlich!

„Prima, Schatz!“ Mehr sagt Daniel nicht. Er isst seine Lieblingstorte. Der ideale Moment, denkt Franziska und sagt:

„Liebling, wenn du am Samstag mit deinen Kollegen Billard spielst, gehe ich mit Freundinnen aus der Schule Kaffee trinken.“

Daniel schaut Franziska einen Moment direkt in die Augen. Und da ist er – nur eine Millisekunde, aber Franziska sieht ihn genau – den alten Daniel mit der alten Aggression. Jetzt kommt die Attacke, denkt sie, jetzt explodiert die Bombe. Und sie hat Angst, schreckliche Angst, schrecklich große Angst.

Aber nichts passiert. „Ja, alles klar, mein Hase“, sagt Daniel und lächelt.

Franziska kann nicht glauben, dass ihr Mann so cool reagiert. Ihr Kopf ist blockiert. Sie braucht einen Moment. Dann kann sie wieder denken. Warum explodiert Daniel nicht? Warum schreit er nicht: ‚Klar! Du willst mit deinem Lover ins Bett. Du flirtest mit allen Männern. Du Flittchen!‘ Warum keine Offensive von Monster-Daniel? Seine tolerante Reaktion macht Franziska Angst. Sie hat Panik. Wann reagiert Daniel? Und wie? Und wie vehement?

„Möchtest du noch Torte, Liebling?“, fragt Franziska.

„Nein, danke, Franzi-Maus. Jetzt nicht, aber morgen zum Frühstück. Deine Torte ist – wie immer – exzellent.“ Daniel steht vom Tisch auf: „Oh, diese Temperaturen! Ein Juni wie in der Antarktis. Mir ist kalt. Ich nehme ein Bad.“

Daniel badet abends oft. In der Badewanne kann er im warmen Wasser entspannen und seinen Job vergessen. Er geht ins Badezimmer. Franziska räumt die Küche auf und hört Daniel im Bad. Und dann denkt sie wieder: Der ideale Moment. Sie geht an den Computer. Auf dem Monitor sieht sie Daniels E-Mail-Posteingang. Franziska kontrolliert ihren Mann nie, aber heute … Extrem viele E-Mails sind von – Franziska denkt, sie sieht nicht richtig – Lea Fritsch. Sie kann es nicht glauben. Daniel hat Kontakt mit Lea! Mit Lea Fritsch – ihrer Chefin! Warum? Seit wann? Was ist da los? Hat ihr Mann juristische Probleme? Franziska klickt Leas aktuellste E-Mail an:

„Hallo Johnny Depp! Supermann – Samstag sehen wir uns. Alles klar: Nachmittag und Abend. Kommst du in Uniform? ;-) Lea

Franziska steht unter Schock. Was ist das? Sie versteht nicht. Minuten vergehen. Dann kann Franziska wieder denken. Sie hört im Badezimmer Wasser in die Wanne laufen. Plötzlich hört sie das Wasser nicht mehr. Warum? Was ist? Kommt Daniel jetzt ins Wohnzimmer? Schnell schließt sie die E-Mail, nimmt die Zeitung vom Tisch und setzt sich aufs Sofa. Sie denkt, dass ihr Mann ins Wohnzimmer kommt. Aber Daniel kommt nicht. Er ist im Bad und ruft: „Franzilein, ich sitze in der Badewanne. Bringst du mir bitte die Zeitung?“

BADISCHE
NEUESTE NACHRICHTEN

„Natürlich, Schatz.“ Sie öffnet die Tür zum Badezimmer, geht zu Daniel und gibt ihm die BNN.

„Danke, Schnucki!“

Daniel nimmt die Zeitung, liest sofort und sieht nicht, dass Franziska nur für einen Moment aber sehr intensiv den Heizapparat auf dem Rand der alten Badewanne mit den Augen fixiert.

Das Badezimmer ist seit Jahren nicht renoviert, die Zentralheizung kaputt. Aber die kleine, alte Elektroheizung funktioniert prima. Sie ist das ideale Provisorium, läuft heute auf maximaler Stufe, denn der Juni ist dieses Jahr extrem kalt in Karlsruhe und Daniel mag es sehr warm, wenn er badet.

Franziska muss den Heizlüfter nur ganz leicht mit einem Finger antippen. Plitsch! Platsch! Der Apparat fällt ins Wasser. Daniel will protestieren und schnell aufstehen – raus aus der Wanne. Aber fatal! Er kann nicht: Elektroschock! In seinen Augen – so groß wie nie – ist Panik. Die Zeitung schwimmt auf dem Wasser.

Franziska geht in die Küche und isst noch ein Stück Schwarzwälder Kirschtorte.

Ende

Übungen

I

Leseverständnis

Verbinden Sie.

a) Franziskas Beruf ist ...	1. Juristin.
b) Lea ist Franziskas ...	2. eine Musikgruppe.
c) Leas Familienname ist ...	3. verheiratet.
d) Rosenstolz ist ...	4. Fritsch.
e) Franziska ist ...	5. Chefin.
f) Lea ist ...	6. Sekretärin.
g) Franziskas Familienname ist ...	7. Zimmermann.

Richtig (R) oder falsch (F)?

		R	F
a	Franziska macht den Computer um vier Uhr aus.		
b	Lea Fritsch ist keine gute Anwältin.		
c	Lea lässt die Tür ihres Büros immer offen.		
d	Der Büroschrank ist alt aber schön.		
e	Für Lea ist die Arbeit wichtiger als ein Mann und eine Familie.		
f	Franziska beendet um 4 Uhr ihre Arbeit im Büro.		
g	Das Büro ist in der Oststadt.		
h	Karlsruhe ist eine quadratische Stadt.		
i	Franziska fährt einen BMW.		
j	In der Mitte des historischen Karlsruhe steht das Schloss.		

Grammatik

Adjektive mit Präfix „un-“

Viele Adjektive bilden, wie „pathetisch – unpathetisch“, das Gegenteil mit *un-*.
Suchen Sie die Adjektive im Text und ergänzen Sie die Adjektive mit „un-“.

logisch – modern – praktisch – sportlich – attraktiv – realistisch – interessant

a) Schreibtische und Regale, die 20 Jahre alt sind, sind oft ___________.

b) Leas Argumente sind nie _________________.

c) Leute, die keinen Sport machen, sind ____________________.

d) Lea Fritsch ist eine hübsche Frau. Sie ist nicht ________________.

e) Lea denkt nicht _________________.

f) Sie findet, Männer sind _____________ und ihren Job findet sie nicht ______________.

Nomen – Komposita

die Tomate + **der** Salat → **der** Tomate***n***salat
der Urlaub + **die** Zeit → **die** Urlaub***s***zeit
der Winter + **das** Semester → **das** Wintersemester

Bilden Sie 9 Komposita.

die Stadt – der Stift – der Kaffee – die Anwältin – der Schrank – das Leben – das Recht – das Zentrum – die Lippe – die Ruhe – die Tasse – die Gruppe – die Bahn – die Straße – der Karl – der Pop – das Büro – die Qualität

Adjektivendungen

Ergänzen Sie.

a) Der Büroschrank ist eine barock____ Antiquität.

b) Lea ist eine genial____ Anwältin und gut____ Chefin.

c) Sie trinkt den letzt____ Rest Kaffee.

d) Die 30 Jahre alt____Anwältin telefoniert.

e) Die Suche nach logisch____ Argumenten und genial____ Strategien …

f) Kurz____ dunkl____ Haare, groß____ braun____ Augen, immer elegant____ Klamotten und perfekt____ Make-up – Lea Fritsch ist eine attraktiv____ Frau.

g) Wenn ich einen Mann gut finde, dann haben wir ein paar schön____ Stunden zusammen – und basta!

h) Franziska schaut in den Spiegel: lang____ blond____ Haare, klein____ Nase, voll____ Mund, grün____ Augen.

i) Ein sehr alt____ Gebäude – lange nicht renoviert.

j) Karlsruhe ist eine historisch sehr interessant____ Stadt – barock geplant.

k) Das Schloss ist der zentral____ Punkt.

Präpositionen

Ergänzen Sie Artikel und Präpositionen – Akkusativ oder Dativ?

a) Sie sieht ____ ____ Uhr.

b) Das Büro ____ ____ Waldstraße ist groß und alt, aber schön renoviert.

c) Sie ist Sekretärin ____ Rechtsanwältin Lea Fritsch.

d) Dann wäscht und trocknet sie ihre Kaffeetasse ab und stellt sie ____ ____ Barockschrank.

e) ____ Radio singt die Gruppe Rosenstolz ihren Hit.

f) „Hallo Johnny Depp!“, hört Franziska die Anwältin ____ anderen Büro ____ Telefon sagen und laut lachen.

g) Die 26 Jahre alte Franziska schaut ____ ____ Spiegel.

h) Sie geht ____ ____ Gebäude.

i) Sie wohnt und arbeitet ____ Stadtzentrum von Karlsruhe.

j) Sie arbeitet ____ ____ Weststadt und wohnt ____ ____ Oststadt.

Wortschatz

Suchen Sie die Adjektive und Nomen im Text und ergänzen Sie.

Nomen	Adjektiv		Nomen	Adjektiv
die Schönheit	schön			strategisch
die Dekoration			die Logik	
die Exklusivität			die Praxis	
	ideal		die Kälte	
der Beruf				interessant
die Größe			die Intelligenz	
	kompliziert		die Konsequenz	
die Theorie				problematisch
die Realität			das Interesse	
das Alter				stressig

Definitionen – Suchen Sie die Wörter.

Hier sieht man die Zeit: ______________________

60 … sind eine Stunde: ______________________

Hier sieht man sich selbst: ______________________

So ähnlich wie ein Bus: ______________________

Was ist das Gegenteil? Suchen Sie im Text.

Guten Tag! ______________________

Privatwohnung ______________________

Stadtrand ______________________

Suchen Sie die Synonyme im Text.

Stadtmitte ______________________

Arbeitsplatz ______________________

altmodisch ______________________

Haus ______________________

Palast ______________________

Arbeitgeberin ______________________

Uhrzeit

Wie viel Uhr ist es?

3.55 Uhr – fünf vor vier
4.05 Uhr – fünf nach vier
4.30 Uhr – halb fünf
4.55 Uhr – fünf vor fünf
6.35 Uhr – fünf nach halb sieben
3.58 Uhr – zwei vor vier
4.15 Uhr – Viertel nach vier
4.45 Uhr – Viertel vor fünf
5.25 Uhr – fünf vor halb sechs

Und jetzt Sie! Schreiben Sie die Uhrzeit.

8.03 Uhr ______________________

4.30 Uhr ______________________

10.26 Uhr ______________________

2.33 Uhr ______________________

6.06 Uhr ______________________

11.10 Uhr ______________________

10.55 Uhr ______________________

8.35 Uhr ______________________

3.45 Uhr ______________________

9.15 Uhr ______________________

7.56 Uhr ______________________

12.15 Uhr ______________________

Recherche

Suchen Sie im Internet Information über die Stadt Karlsruhe. Wo in Deutschland liegt Karlsruhe? In welchem Bundesland? Warum heißt Karlsruhe auch „Fächerstadt“? Was haben Karl Freiherr von Drais und Carl Benz gemacht?

II

Leseverständnis

Eine Antwort ist richtig: ☒

1. Im Juni ist …
   a) es in Karlsruhe Winter. ☐
   b) es dieses Jahr sehr kalt in Karlsruhe. ☐
   c) in Karlsruhe Markttag. ☐

2. Vor der Pyramide …
   a) steht ein Kamel. ☐
   b) sieht Franziska eine Schulfreundin. ☐
   c) ist Annika nicht nervös und hat viel Zeit. ☐

3. Annika und Franziska …
   a) trinken Kaffee. ☐
   b) sprechen fünf Minuten auf dem Marktplatz. ☐
   c) kaufen im Supermarkt ein. ☐

4. Franziska findet die Freundin …
   a) alt. ☐
   b) nervös. ☐
   c) sympathisch. ☐

5. Annika ist geschockt, denn …
   a) Daniel spielt nicht mehr Tischtennis. ☐
   b) Franziska hat viel Humor und ist optimistisch. ☐
   c) Franziska hat Probleme mit Daniel. ☐

6. Daniel ist eifersüchtig, denn …
   a) Franziska flirtet immer mit anderen Männern. ☐
   b) er arbeitet als Polizist und will Spion sein. ☐
   c) er hat eine Obsession. ☐

7. Franziska hat Angst, denn …
   a) Annika ist Sozialarbeiterin. ☐
   b) Daniel war in der Parallelklasse. ☐
   c) ihr Mann reagiert unkalkulierbar. ☐

Richtig (R) oder falsch (F)

		R	F
a	Franziska hat sich vor 5 Jahren in einen anderen Mann verliebt.		
b	Franziskas Mann will keine Kinder.		
c	Annika kennt Daniel von früher.		
d	Daniel arbeitet als Richter beim Bundesgerichtshof.		
e	Daniel hat Psychologie studiert.		
f	Franziska geht oft ins Kino und sieht gern Horrorfilme.		
g	Annika findet Franziskas Leben schrecklich und ist froh, keinen Mann zu haben.		
h	Franziskas Uhr ist kaputt und sie kommt nicht pünktlich nach Hause.		
i	Annika telefoniert mit Daniel.		
j	Franziska möchte bald mit Annika telefonieren.		

Grammatik

Verneinung mit „nicht“, „nie“ und „kein/e/en“

Ergänzen Sie.

a) Das ist ______ normal.

b) Sie mag die Freundin aus der Schule sehr, aber sie hat jetzt ______ Zeit.

c) „Nein, echt schade. Heute ______.

d) Wir haben uns seit der Schule ______ mehr gesehen.

e) Franziska spricht normalerweise ______ über ihre Probleme, aber jetzt verliert sie die Kontrolle.

f) „Ich flirte ______, ich interessiere mich für ______ anderen Mann, echt!

g) Er reagiert aggressiv und hat verbal ______ Skrupel.“

h) Aber das hier ist ______ die Franzi von früher.

i) „Kinder haben wir ______. Daniel will ______.“

j) „Aber ohne Studium und ohne berufliches Engagement hat er ______ Chance.“

k) Wenn ich ______ pünktlich zu Hause bin, macht Daniel Psychoterror.“

Sätze mit „wenn“

Im Text steht:
Wenn Franziska zehn Minuten später als normal nach Hause kommt, macht ihr Daniel eine Szene.
Wenn ich nicht pünktlich zu Hause bin, macht Daniel Psychoterror.

Nebensatz — Hauptsatz

Wenn *Subjekt* … Verb, Verb *Subjekt* … .

Bilden Sie jeweils einen Nebensatz mit „wenn“ und einen Hauptsatz.

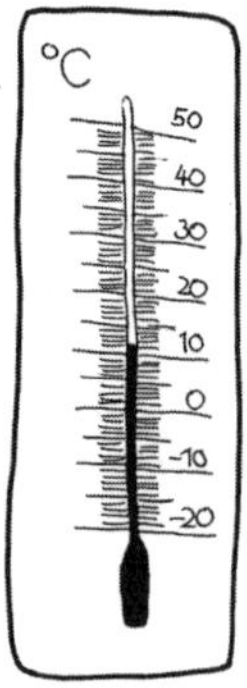

a) Touristen gehen durch Karlsruhe. Sie bewundern die barocke Stadt.
b) Sie trinkt einen Kaffee mit Annika. Sie kommt nicht pünktlich nach Hause.
c) Sie sieht in den Spiegel. Sie ist zufrieden mit sich.
d) Die Temperaturen sind im Juni niedrig. Das ist eine meteorologische Ausnahme.
e) Daniel hat berufliche Probleme. Er ist zu Hause aggressiv.
f) Daniel studiert. Er kann einen besseren Job bekommen.

Konjunktiv II

Formulieren Sie die Fragen hypothetisch und vergleichen Sie mit dem Text.

a) Wie ist ihr Leben, wenn sie so cool wie Lea ist?

→ ______________________________

b) Was ist, wenn sie nicht verheiratet ist?

→ ______________________________

c) Oder wenn sie einen anderen Mann hat?

→ ______________________________

d) Hat sie dann Kinder?

→ ______________________________

e) Wohnt sie in Karlsruhe?

→ ______________________________

f) Was passiert, wenn sie tut, was sie will?

→ ______________________________

g) Was macht sie, wenn sie im Lotto gewinnt?

→ ______________________________

h) Bleibt sie bei Daniel?

→ ______________________________

i) Ja, was ist, wenn ...?

→ ______________________________

Wortschatz

Suchen Sie Synonyme im Text.

Pingpong		sympathisch	
Lebensmittelgeschäft		Desaster	

Suchen Sie die Antonyme im Text.

pessimistisch		langsam	
ledig		Chaos	
lachen		schrecklich	
Erwachsene		Arbeit	
nie		Kugel	
Junge		ruhig	

Recherche

Suchen Sie im Internet Fotos und Information über die „Pyramide“ auf dem Marktplatz von Karlsruhe.

Redewendungen

Was bedeuten diese Redewendungen? Im Text steht:
a) „Daniel sieht alles schwarz.“
b) „aus einer Maus einen Elefanten machen.“

Schreiben

Suchen Sie das Wort „eifersüchtig“ im Wörterbuch. Wie denken Sie über eifersüchtige Personen? Schreiben Sie einen Text, etwa 50 Wörter.

III

Leseverständnis

Markieren Sie im Stadtplan Franziskas Büro. Wo wohnt sie? Wie geht sie vom Büro nach Hause? (Teil II und Teil III)

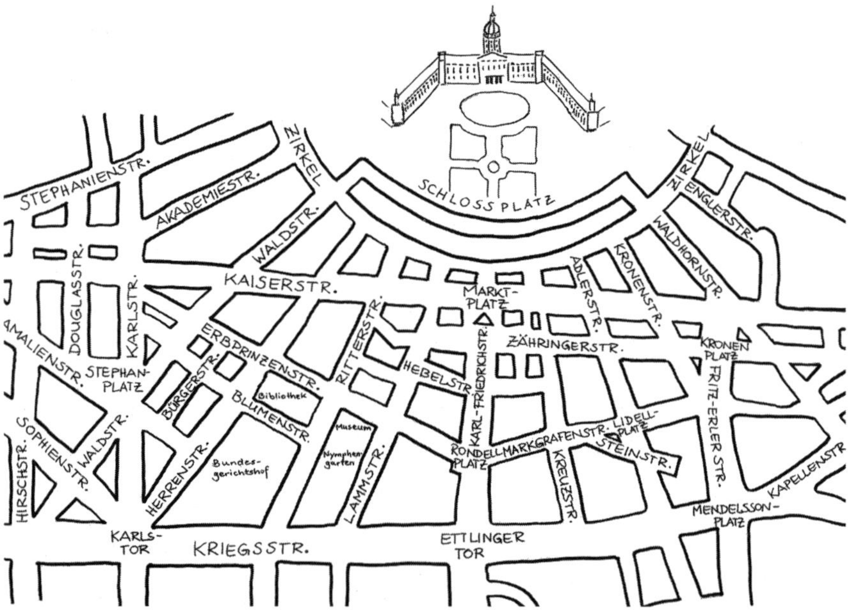

Grammatik

Komposita

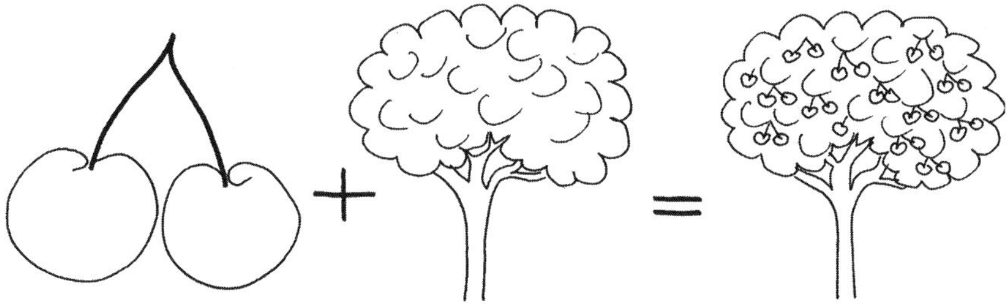

die Kirsche + ***der Baum*** → ***der Kirschbaum***

Suchen Sie 7 Komposita im Text.

der Liebling – der Liebling – die Zeit – der Wein – der Wein – das Zimmer – die Straße – der Spargel – der Mann – der Adler – die Spätzle – das Sauerkraut – die Region – die Spezialität

der Kirschbaum	

Präpositionen und Artikel

Ergänzen Sie die Präpositionen und Artikel.

aus / von / nach / im / im / im / in der / in der / in den / an die

a)_______ Supermarkt _______ Adlerstraße – nur ein paar Meter _______ ihrer Wohnung _______ Steinstraße – kauft Franziska ein.

b) Sie hat noch Tränen _______ Augen.

c) Jetzt _______ Juni ist Spargelzeit.

d) Schnell geht sie _______ Kasse.

e) „Spargel _______ Schwetzingen – heute ganz frisch! Mit Sauce Hollandaise und dazu Weißwein – jetzt _______ Juni ideal!"

f) Sie will schnell _______Hause.

Wortschatz

Suchen Sie die fehlenden Nomen und Verben im Text und ergänzen Sie.

Nomen	Verb
der Einkauf / das Einkaufen	*einkaufen*
	wohnen
die Liebe	
die Suche	
	kassieren
der Gedanke	
das Getränk	
	produzieren
	kommentieren
die Registrierung	

Recherche

Suchen Sie im Internet Informationen zu den Themen: Spätzle, Sauerkraut, Region Baden, Wein aus Baden, Spargel aus Schwetzingen (badische Spargelstraße) und Sauce hollandaise.

IV

Leseverständnis

Richtig (R) oder falsch (F)

		R	F
a	Vor der Wohnungstür malt sie ihren Mund mit Lippenstift nach.		
b	Daniel informiert sich im Internet und in der Zeitung über die Aktualität.		
c	Franziska sucht in der Küche in einem Kochbuch ein Rezept für Spargel.		
d	Daniel arbeitet am Computer.		
e	Das Ehepaar Zimmermann wohnt in der Nordstadt.		
f	Franziska kommt aus einer aristokratischen Familie und ist Prinzessin.		
g	Daniel hat in den USA studiert und deshalb das Diplom „Hilfs-Sheriff".		
h	Franziskas Mann geht samstags immer mit Kollegen Billard spielen.		
i	Franziska fragt Daniel, warum er heute so anders reagiert.		
j	Daniel isst und surft im Internet.		

Grammatik

Syntax – Verb im Hauptsatz an Position 2 (Subjekt – Position 1 oder 3)

Ordnen Sie die Sätze (beginnen Sie mit dem vorgegebenen Wort) und kontrollieren Sie dann im Text.

a) um Hause Büro kommt 5 nach Franziska und Supermarkt halb nach

→ Normalerweise ______________________

b) 5 sie kommt erst Viertel vor um

→ Heute ______________________

c) Taschentuch nimmt ein

→ Sie ______________________

d) sie hört Nachrichten

→ In der Wohnung ______________________

e) Nachrichten liebt

→ Daniel ______________________

f) im liest Internet er

→ Das Aktuellste ______________________

g) in versteckt Kochbuch sie einem

→ Annikas Visitenkarte ______________________

h) am Daniel sitzt Laptop

→ Im Wohnzimmer ______________________

Superlativ

Im Text steht: Er muss immer informiert und auf dem **aktuellsten** Stand sein.
Daniel liebt Sensationen, **am meisten** Tragödien mit viel Blut.

Ergänzen Sie den Superlativ.

a) Daniel findet Franziskas Essen am ____________ (gut).

b) Franziska kocht die ________________ (schwierig) Rezepte.

c) Daniel verbringt die ______________ (viel) Nachmittage am Computer.

d) Daniel trinkt am __________________ (gern) badischen Wein.

e) Sie möchte am ____________________ (schnell) nach Hause gehen.

f) Daniel liebt die ________________ (brutal) Nachrichten.

g) Er hat oft verbal die _________________ (aggressiv) Reaktionen.

h) Seine Frau will nicht die _______________ (klein) Probleme haben.

Wortschatz

Definitionen – Suchen Sie die Wörter im Text.

Informationen über Aktuelles: ______________________

Ein Buch mit Rezepten: ______________________

Hier bleiben Essen und Getränke frisch: ______________________

Rote Farbe für den Mund: ______________________

Wie sehr feines Papier.
Man putzt sich die Nase damit: ______________________

Recherche

a) Daniel arbeitet beim Bundesgerichtshof. Was ist das? Info finden Sie im Internet unter *http://www.bundesgerichtshof.de*. Markieren Sie den Bundesgerichtshof im Stadtplan Seite 28. Wie heißt diese Institution in Ihrem Land?
b) Daniel ist Fan von Regina Halmich. Suchen Sie im Internet Information über die Boxerin aus Karlsruhe.

Schreiben

Warum reagiert Daniel heute anders? Was plant er für Samstag? Was sagt er? Was will er wirklich machen? Was meinen Sie?

V

Leseverständnis

Heute geht Franziska einen anderen Weg. Markieren Sie im Stadtplan Seite 28.

Eine Antwort ist richtig: ☒

1. Daniel beginnt den Tag normalerweise mit …
   a) Honig. ☐
   b) Orangensaft. ☐
   c) Orangenmarmelade. ☐

2. Lea hat viel Stress, denn …
   a) Daniel hat Franziska mit einer gefrorenen Wurst attackiert. ☐
   b) ihr Klient hat seiner Frau die Nase gebrochen. ☐
   c) sie hat viele Freunde bei Facebook. ☐

3. Franziska macht die Heizung im Büro an, denn …
   a) es ist Juni, aber kalt. ☐
   b) sie möchte Pralinen warm machen. ☐
   c) Lea ist stark alkoholisiert. ☐

4. Warum sagt Franziska „Wurst-Prozess“?
   - a) Lea sucht ein Rezept für Wurst. ☐
   - b) Ein Mann hat seine Frau mit einer Wurst attackiert. ☐
   - c) Sie mag keinen Käse. ☐
5. Warum hat Leas Klient seine Frau attackiert?
   - a) Er wollte Wurst essen und hat das in Facebook gepostet. ☐
   - b) Sie hat nicht „Gefällt mir“ angeklickt. ☐
   - c) Sie hat seine Nase mit einer gefrorenen Wurst gebrochen. ☐
6. Warum kauft Franziska Schokolade und Kirschen?
   - a) Sie möchte eine Schwarzwälder Kirschtorte backen. ☐
   - b) Daniel will Schoko-Pudding mit Kirschen essen. ☐
   - c) Sie trinken Kirschtee und essen Schokoladenkuchen. ☐

Grammatik

Trennbare Verben

Im Text steht: Franziska **macht** die Heizung **an**.
Sie sitzt am Schreibtisch, isst Pralinen und **denkt** über Daniel **nach**.
Suchen Sie alle trennbaren Verben im Text und ergänzen Sie die Sätze.

Franziska __________ den Computer _____.

Sie __________ die Heizung _____.

Sie __________ ihren Mund mit Lippenstift _____.

Franziska __________ die Jacke _____.

Wie immer __________ sie im Supermarkt in der Adlerstraße _____ .

Sie __________ die Tür _____.

Daniel __________ seine Frau nicht _____.

Relativsätze

Welches Relativpronomen passt?

a) Die Frauen, _____ sich gut verstehen, lachen.

b) Das ist nicht der cholerische Daniel, _____ sie seit Jahren kontrolliert, manipuliert und subtil tyrannisiert.

c) Sie stellt die Packung Pralinen, _____ fast leer ist, in den schönen, alten Schrank und macht die Heizung aus.

d) „Interessant. Auf Wiedersehen!“ sagt Franziska, nimmt ihre Einkaufstasche, _____ sehr voll ist, und geht.

e) Sie hat vor Daniel, mit _____ sie seit ein paar Jahren verheiratet ist, jetzt Angst.

f) Der Supermarkt, in _____ sie einkauft, ist in der Adlerstraße.

Passiv: werden + Partizip II

Passiv: Die schönsten und besten Kirschtorten werden prämiert.
(Aktiv: Sie prämieren die schönsten und besten Kirschtorten.)
Bilden Sie Passivsätze wie im Beispiel:
Daniel kontrolliert Franziska. → *Franziska wird (von Daniel) kontrolliert.*

a) Franziska macht die Heizung aus. → ______________________________

b) Die Frau isst Pralinen. → ______________________________

c) Sie vergisst die Marmelade. → ______________________________

d) Er plant etwas. → ______________________________

e) Sie trinken Kaffee. → ______________________________

f) Er attackiert eine Frau mit einer Wurst. → ______________________________

g) Die Anwältin führt ein paar Telefonate. → ______________________________

h) Die Kassiererin registriert die Produkte. → ______________________________

i) Am Abend essen sie nie etwas Süßes. → ______________________________

j) Er checkt seine E-Mails. → ______________________________

Wortschatz

Suchen Sie im Text und ergänzen Sie Verb oder Nomen.

Verb	Nomen
lieben	*die Liebe*
	die Meinung
denken	
	der Plan
heizen	
	die Kontrolle
tyrannisieren	
	die Attacke
	die Reaktion
	der Verstand
telefonieren	
	der Einkauf
	der Check
protestieren	

Wörter
Suchen Sie im Text alles, was süß ist.

Definitionen *– Suchen Sie die Wörter im Text.*

Ein Milchprodukt mit vielen Kalorien: ______________________

Ein Getränk. Es ist braun und warm: ______________________

Kleine Süßigkeiten aus Schokolade, Zucker, Marzipan ...: ______________________

Viel Arbeit, keine Zeit, große Nervosität: ______________________

Ein Organ im Gesicht: ______________________

Ein soziales Netz: ______________________

Eine Gruppe, die zusammenarbeitet, Sport macht ...: ______________________

Gespräch am Telefon: ______________________

Hier gibt es historische Objekte, Exponate, Information über Kultur ...: ______________________

Ein Organ im Bauch: ______________________

Sie arbeitet an der Kasse im Supermarkt: ______________________

In der ... transportiert man Produkte aus dem Supermarkt: ______________________

„Liebe geht durch den Magen“ – was bedeutet dieses Sprichwort?

____

____

Schreiben

Warum reagiert Daniel nicht aggressiv? Was meinen Sie?
Wie endet die Geschichte? Was denken Sie?

Recherche

Suchen Sie im Internet Informationen zu den Themen: Schwarzwald, Schwarzwälder Kirschtorte, Region Baden und ihr Klima, Frühstück in Deutschland, Abendessen in Deutschland.

VI

Leseverständnis

Richtig (R) oder falsch (F)

		R	F
a	Zehn nach sechs stehen Torte und Tee auf dem Tisch.		
b	Franziska möchte mit Daniel zum Billard gehen.		
c	Weil Daniel explodiert, hat Franziska Panik.		
d	Daniel sieht Nachrichten aus aller Welt.		
e	Der Computer explodiert.		
f	Der Heizlüfter läuft, weil die Zentralheizung im Badezimmer nicht funktioniert.		
g	Franziska flirtet immer mit allen Männern.		
h	In Daniels Posteingang sind viele E-Mails von Franziskas Chefin.		
i	Franziska hilft Daniel.		
j	Ein elektrischer Schlag – und Daniel ist tot.		
k	Franziska serviert Daniel Schwarzwälder Kirschtorte im Badezimmer.		

Grammatik

Syntax

Auf Position Null: aber / und / denn
Ordnen Sie die Sätze.

a) ist eine da sie nur Millisekunde

→ Und ______________________

b) Aggression alte Franziska sie genau – die sieht

→ Aber ______________________

c) schreckliche hat sie Angst

→ Und ______________________

d) sagt Daniel: „Ja, alles klar, mein Hase."

→ Aber ______________________

e) nicht kommt Daniel

→ Aber ______________________

f) prima kleine die alte Elektro-Heizung funktioniert

→ Aber ______________________

Nebensatz mit „dass“

Ordnen Sie die Wörter zu Hauptsatz und Nebensatz.
Beispiel: er liebt dass Daniel sie sagt → Daniel sagt, dass er sie liebt.
a) Franziska glauben so nicht er dass reagiert kann cool

→ ______________________ , ______________________

b) Wohnzimmer dass sie ihr kommt denkt Mann ins

→ ______________________ , ______________________

c) Augen er den den kann mit dass Franziska nicht sehen Heizapparat fixiert

→ ______________________ , ______________________

Wortschatz

Paraphrasen: Wie steht das im Text?

Franziska hilft Daniel nicht. → ______________________

Daniel schaut aggressiv. → ______________________

Warum ist Daniel so tolerant? → ______________________

Franziska kann es nicht glauben. → ______________________

Franziskas Mann badet. → ______________________

Daniel füllt die Badewanne. → ______________________

Franziska wirft den Heizlüfter ins Wasser. → ______________________

Schreiben

Wie endet die Geschichte? Wie finden Sie das Ende?

____

____

____

____

____

____

____

____

____

Lösungen

I

Leseverständnis

a-6; b-5; c-4; d-2; e-3; f-1; g-7
a) F b) F c) R d) R e) R f) R g) F h) F i) F j) R

Grammatik

Adjektive mit Präfix „un-“
a) unmodern b) unlogisch c) unsportlich d) unattraktiv e) unrealistisch f) unpraktisch/uninteressant

Nomen – Komposita
das Stadtzentrum / der Lippenstift / die Kaffeetasse / die Rechtsanwältin / Karlsruhe / die Popgruppe / die Straßenbahn / der Büroschrank / die Lebensqualität

Adjektivendungen – ergänzen Sie.
a) -e b) -e / -e c) -en d) -e e) -en /-en f) -e / -e / -e / -e / -e / - es / -e g) -e h) -e / -e / -e / -er / -e i) -es j) -e k) -e

Präpositionen
a) auf die b) in der c) bei d) in den e) Im f) im / am g) in den h) aus dem i) im j) in der / in der

Wortschatz

Suchen Sie die Adjektive und Nomen im Text und ergänzen Sie.
die Schönheit – schön; die Dekoration – dekorativ; die Exklusivität – exklusiv; das Ideal – ideal; der Beruf – beruflich; die Größe – groß; die Komplikation – kompliziert; die Theorie – theoretisch; die Realität – realistisch; das Alter – alt; die Strategie – strategisch; die Logik – logisch; die Praxis – praktisch; die Kälte – kalt; das Interesse – interessant; die Intelligenz – intelligent; die Konsequenz – konsequent; das Problem – problematisch; das Interesse – interessant; der Stress – stressig

Definitionen – Suchen Sie die Wörter.
die Uhr / die Minuten / der Spiegel / die Straßenbahn

Was ist das Gegenteil? Suchen Sie im Text.
Tschüs! / Büro / Stadtzentrum

Suchen Sie die Synonyme im Text.
Stadtmitte – Stadtzentrum; Arbeitsplatz – Büro; altmodisch – konservativ; Haus – Gebäude; Palast – Schloss; Arbeitgeberin – Chefin

Uhrzeit
8.03 Uhr – drei nach acht; 10.55 Uhr – fünf vor elf;
4.30 Uhr – halb fünf; 8.35 Uhr – fünf nach halb neun;
10.26 Uhr – vier vor halb elf; 3.45 Uhr – viertel vor vier;
2.33 Uhr – drei nach halb drei; 9.15 Uhr – viertel nach neun;
6.06 Uhr – sechs nach sechs; 7.56 Uhr – vier vor acht;
11.10 Uhr – zehn nach elf; 12.15 Uhr – viertel nach zwölf

Recherche

Karlsruhe in Baden-Württemberg (Region Baden) – 1715 von Graf Karl Wilhelm von Baden als „Carols Ruhe“ gegründet. Stadt sieht von oben wie ein Fächer aus. Seit 1950 Sitz des Bundesgerichtshofs und seit 1951 des Bundesverfassungsgerichts, deshalb auch „Residenz des Rechts“ genannt.
Karl Freiherr von Drais baute 1817 den Prototyp des Fahrrads – erstes Zweirad: Draisine, Laufmaschine, Veloziped. Ingenieur Carl Benz baute erstes Automobil der Welt mit drei Rädern: Tricycle/Benz Patent-Motorwagen (1886).

II

Leseverständnis

1. b); 2. b); 3. b); 4. c); 5. c); 6. c); 7. c)
a) F b) R c) R d) F e) F f) F g) R h) F i) F j) R

Grammatik

Verneinung mit „nicht“, „nie“ und „kein / e / en“.
a) nicht b) keine c) nicht d) nicht e) nie, nicht f) nie, keinen g) keine h) nicht i) nicht, keine j) keine k) nicht

Sätze mit „wenn“
a) Wenn Touristen durch Karlsruhe gehen, bewundern sie die barocke Stadt.
b) Wenn sie mit Annika einen Kaffee trinkt, kommt sie nicht pünktlich nach Hause.
c) Wenn sie in den Spiegel sieht, ist sie zufrieden mit sich.
d) Wenn die Temperaturen im Juni niedrig sind, ist das eine meteorologische Ausnahme.
e) Wenn Daniel berufliche Probleme hat, ist er zu Hause aggressiv.
f) Wenn Daniel studiert, kann er einen besseren Job bekommen.

Konjunktiv II
a) Wie wäre ihr Leben, wenn sie so cool wie Lea wäre?
b) Was wäre, wenn sie nicht verheiratet wäre?
c) Oder wenn sie einen anderen Mann hätte?
d) Hätte sie dann Kinder?
e) Würde sie in Karlsruhe wohnen?
f) Was würde passieren, wenn sie tun würde, was sie wollte?
g) Was würde sie machen, wenn sie im Lotto gewinnen würde?
h) Würde sie bei Daniel bleiben?
i) Ja, was wäre, wenn …?

Wortschatz

Suchen Sie Synonyme im Text.
Pingpong – Tischtennis; sympathisch – unsympathisch;
Lebensmittelgeschäft – Supermarkt; Desaster – Katastrophe

Suchen Sie die Antonyme im Text.
pessimistisch – optimistisch; langsam – schnell;
ledig – verheiratet; Chaos – Kontrolle;

lachen – weinen; schrecklich – wunderbar;
Erwachsene – Kinder; Arbeit – Hobby;
nie – immer; Kugel – Pyramide;
Junge – Mädchen; ruhig – nervös

Recherche

Die Pyramide auf dem Marktplatz von Karlsruhe ist das Grab von Stadtgründer Karl Wilhelm von Baden-Durlach und das Wahrzeichen von Karlsruhe. Die Pyramide aus Sandstein (von 1823 bis 1825 über dem Grab gebaut) ist 6,81 Meter hoch und die Kanten 8,04 Meter lang.

Redewendungen

a) „alles schwarz sehen“ = pessimistisch sein
b) „aus einer Maus einen Elefanten machen“ = Man übertreibt. Man macht aus einer kleinen Sache eine große Sache.

III

Leseverständnis

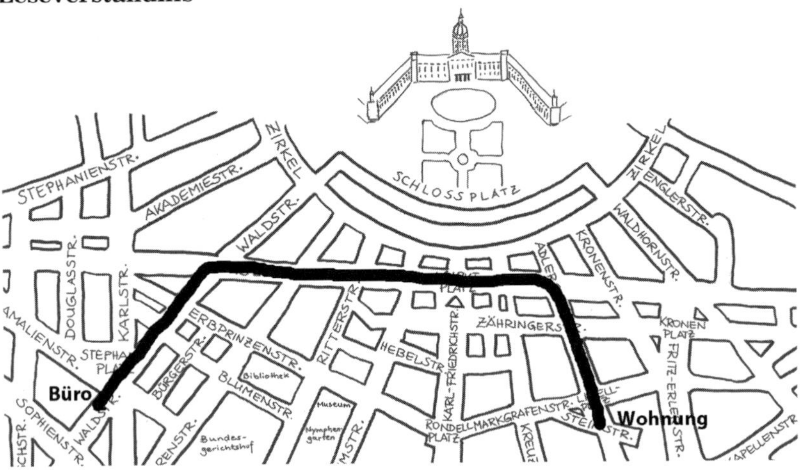

Grammatik

Komposita

die Adlerstraße / die Weinregion / der Zimmermann / das Lieblingssauerkraut / die Lieblingsspätzle / die Spargelzeit / die Weinspezialität

Ergänzen Sie die Präpositionen und Artikel

a) im / in der / von / in der b) in den c) im d) an die e) aus / im f) nach

Wortschatz

der Einkauf / das Einkaufen – einkaufen; die Wohnung – wohnen;
die Liebe – lieben; die Suche – suchen; die Kasse / die Kassiererin – kassieren;
der Gedanke – denken; das Getränk – trinken; das Produkt – produzieren;
der Kommentar – kommentieren; die Registrierung – registrieren

Recherche

- Spätzle: Teigwaren (Pasta) aus Eier, Mehl und Salz
- Sauerkraut: fermentierter Kohl
- Wein aus Baden: Baden ist das südlichste und drittgrößte Weinbaugebiet in Deutschland, rund 15.906 Hektar Rebfläche, durchschnittlich 1,1 Millionen Hektoliter Wein pro Jahr. Weißweine u. a.: Grauburgunder, Riesling, Sauvignon Blanc, Muskateller, Weißburgunder Silvaner und Gewürztraminer. Rotweine u. a.: Spätburgunder, Regent und Schwarzriesling.
- Spargel aus Schwetzingen und badische Spargelstraße: Badische Spargelstraße – 136 km lange Touristikstraße von Schwetzingen über Hockenheim, Bruchsal, Karlsruhe und Rastatt bis nach Lichtenau-Scherzheim. In der Spargelsaison kann man direkt vom Bauern frischen Spargel kaufen, kleine Spargelfeste besuchen usw.
- Sauce hollandaise: Helle Sauce aus Butter, Eigelb, Wasser, Weißwein, Schalotten, Lorbeer, Zitrone, Salz und Pfeffer.

IV

Leseverständnis

a) F b) R c) F d) R e) F f) F g) F h) F i) F j) R

Grammatik

Syntax

a) Normalerweise kommt Franziska nach Büro und Supermarkt um halb fünf nach Hause.
b) Heute kommt sie erst um Viertel vor 5.
c) Sie nimmt ein Taschentuch.
d) In der Wohnung hört sie Nachrichten.
e) Daniel liebt Nachrichten.
f) Das Aktuellste liest er im Internet.
g) Annikas Visitenkarte versteckt sie in einem Kochbuch.
h) Im Wohnzimmer sitzt Daniel am Laptop.

Superlativ

a) besten b) schwierigsten c) meisten d) liebsten e) schnellsten
f) brutalsten g) aggressivsten h) kleinsten

Wortschatz

Definitionen

Informationen über Aktuelles: Nachrichten
Ein Buch mit Rezepten: Kochbuch
Hier bleiben Essen und Getränke frisch: im Kühlschrank
Rote Farbe für den Mund: Lippenstift
Wie sehr feines Papier. Man putzt sich die Nase damit: Taschentuch

Recherche

a) Bundesgerichtshof (BGH): oberstes Gericht der Bundesrepublik Deutschland; letzte Instanz in Zivil- und Strafverfahren.
b) Boxerin Regina Halmich (1976* in Karlsruhe), 1995 – 2007 Weltmeisterin im Fliegengewicht, gelernte Rechtsanwaltsgehilfin; im Jahr 2000 „Badenerin des Jahres“.

Schreiben

Er sagt, dass er am Samstag mit Kollegen Billard spielt, Fußball sieht und Pizza isst. Er will eventuell eine andere Frau treffen.

V

Leseverständnis

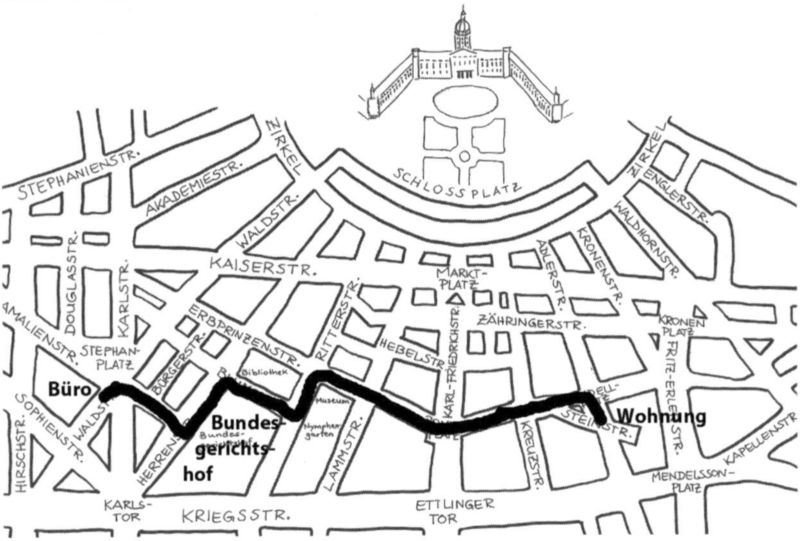

1. c); 2. b); 3. a); 4. b); 5. b); 6. a)

Grammatik

Trennbare Verben

Franziska **macht** den Computer **aus**. Sie **macht** die Heizung **aus**. Sie **malt** ihren Mund mit Lippenstift **nach**. Franziska **zieht** die Jacke **an**. Wie immer **kauft** sie im Supermarkt in der Adlerstraße **ein**. Sie **macht** die Tür **auf**. Daniel **sieht** seine Frau nicht **an**.

Relativsätze

a) die b) der c) die d) die e) dem f) dem

Passiv

a) Die Heizung wird ausgemacht. b) Pralinen werden gegessen. c) Die Marmelade wird vergessen. d) Etwas wird geplant. e) Kaffee wird getrunken. f) Eine

Frau wird mit einer Wurst attackiert. g) Ein paar Telefonate werden geführt. h) Die Produkte werden registriert. i) Am Abend wird nie etwas Süßes gegessen. j) Seine E-Mails werden gecheckt.

Wortschatz

Suchen Sie im Text und ergänzen Sie Verb oder Nomen
lieben – die Liebe; meinen – die Meinung; denken – der Gedanke;
planen – der Plan; heizen – die Heizung; kontrollieren – die Kontrolle;
tyrannisieren – der Tyrann; attackieren – die Attacke;
reagieren – die Reaktion; verstehen – der Verstand;
telefonieren – das Telefon; einkaufen – der Einkauf;
checken – der Check; protestieren – der Protest

Suchen Sie im Text alles, was süß ist
Die Lieblingstorte, die Marmelade, die Orangenmarmelade, der Honig, die Marzipanpralinen, die Pralinen, die Schokolade, der Zucker, der Vanillezucker, die Kirschen, die Schwarzwälder Kirschtorte, die Sahne, Biskuit.

Definitionen – Suchen Sie die Wörter
Butter / Kaffee / Pralinen / Stress / Nase / Facebook / Team / Telefonat / Museum / Magen / Kassiererin / Einkaufstasche

Bedeutung des Sprichworts
Gutes Essen ist ein Argument für die Liebe. Man sagt, Personen, die gut kochen, finden leicht einen Partner.

Recherche

- Schwarzwald: höchstes und größtes Mittelgebirge Deutschlands im Südwesten Baden-Württembergs, etwa 150 km lang und bis zu 50 km breit; der Feldberg 1493m ist der höchste Berg. Bekannt sind Bauernhäuser, Schwarzwälder Kirschtorte, Schwarzwälder Schinken, Kirschwasser, Kuckucksuhr usw.
- Schwarzwälder Kirschtorte: Sahnetorte aus Schokoladenbiskuit (mit Kirschwasser aromatisiert), Sahne, Kirschen, Schokoladenraspe. Seit 2006 in Todtnauberg alle zwei Jahre: Schwarzwälder Kirschtortenfestival.
- Region Baden und Klima: Nördlicher Teil von Baden-Württemberg; mildes Klima; Karlsruhe mit Jahresmitteltemperatur von 10,7 °C eine der wärmsten Städte Deutschlands und mit einer jährlichen Sonnenscheindauer von durchschnittlich rund 1690 Stunden auch eine der sonnigsten. Die Winter sind mild.
- Frühstück in Deutschland: heißes Getränk (oft Kaffee, Tee, Milch oder Kakao) und Orangensaft sowie Brot, Toastbrot, Brötchen, Croissant usw. mit Butter oder Margarine, Marmelade, Honig, Nuss-Nougat-Creme, Wurst, Bio-Aufstrich, Käse, Quark, Frühstücksei, Saft, Müsli, Frühstücksflocken, Joghurt oder Obst.
- Abendessen in Deutschland: warmes Essen meist mittags; am frühen Abend als letzte Mahlzeit des Tages oft Brot mit Käse oder Wurst sowie kalte oder warme Getränke (Abendbrot).

VI

Leseverständnis

a) F b) F c) F d) R e) F f) R g) F h) R i) F j) R k) F

Grammatik

Syntax

a) Und da ist sie nur eine Millisekunde.
b) Aber Franziska sieht sie genau – die alte Aggression.
c) Und sie hat schreckliche Angst.
d) Aber Daniel sagt: „Ja, alles klar, mein Hase."
e) Aber Daniel kommt nicht.
f) Aber die kleine, alte Elektro-Heizung funktioniert prima.

Nebensatz mit „dass"

a) Franziska kann nicht glauben, dass er so cool reagiert.
b) Sie denkt, dass ihr Mann ins Wohnzimmer kommt.
c) Er kann nicht sehen, dass Franziska den Heizapparat mit den Augen fixiert.

Wortschatz

Franziska hilft Daniel nicht. → Franziska geht in die Küche und isst noch ein Stück Schwarzwälder Kirschtorte.
Daniel schaut aggressiv. → Franziska sieht sie genau – die alte Aggression.
Warum ist Daniel so tolerant? → Warum explodiert Daniel nicht?
Franziska kann es nicht glauben. → Sie versteht nicht.
Franziskas Mann badet. → Er nimmt ein Bad.
Daniel füllt die Badewanne. → Wasser läuft in die Wanne.
Franziska wirft den Heizlüfter ins Wasser. → Franziska tippt den Heizlüfter nur ganz leicht mit einem Finger an. Der Apparat fällt ins Wasser.

Bildnachweis

S. 7: Ansicht der Stadt von Norden 1739, Kupferstich des Hofgärtners Christian Thran.
Abdruck mit freundlicher Genehmigung der Stadt Karlsruhe

Das erste Zweirad der Welt – die Draisine.
Quelle: http://commons.wikimedia.org/wiki/File:Draisine1817.jpg

S. 8: Dreirädriger Benz Patent-Motorwagen aus dem Jahr 1886;
© Daimler AG
Abdruck mit freundlicher Genehmigung der Daimler AG